날
마
다

기
도
노
트

KB191687

넥서스CROSS

Prayer

기도를 계속하고

기도에 감사함으로 깨어 있으라

골로새서 4:2

기 간 　　　　·　　　　·　　　～　　　·　　　·

이 름

기도 노트 쓰기 예 Sample

오늘의 말씀

두려워하지 말라 내가 너와 함께 함이라 놀라지 말라
나는 네 하나님이 됨이라 내가 너를 굳세게 하리라 참으로 너를 도와
주리라 참으로 나의 의로운 오른손으로 너를 붙들리라_이사야 41 : 10

기도 제목

1. 1차 서류전형에서 통과하여 오늘 2차 면접이 있습니다.
   두려워하지 않고 면접에 잘 임할 수 있도록 도와주세요.
2. 어떤 상황에서도 하나님을 의심하지 않는, 온전하고 완전한 믿음의
   사람으로 세워주세요. 주님의 살아계심과 역사하심 그리고 인도하심을
   의지하게 해주세요.

삶의 적용

1. 욕심을 버리자. 결과에 연연하지 말고, 면접 그 자체를 즐기자!
2. 오늘 하루의 생활에서 순간마다 주님과 동행하는 삶을 살자!

응답 결과

1. 면접은 최선을 다했다. 결과는 다음 주에!
2. 면접에서 우연히 고등학교 친구를 만났다. 많이 떨고 있는 친구의 손을
   잡고 오늘의 말씀을 공유하며 위로해 주었다. 다행히 면접 전에 마음이
   진정되어 면접장으로 들어가는 친구를 보았다. 감사합니다, 주님!!

기도는 아침의 열쇠요 저녁의 자물쇠다. _빌리 그레이엄

오늘의 말씀

우상을 만드는 자는 다 허망하도다 그들이 원하는 것들은 무익한 것이거늘 그것들의 증인들은 보지도 못하며 알지도 못하니 그러므로 수치를 당하리라_이사야 44 : 9

기도 제목

1. 할아버지가 아직 예수님을 믿지 않으세요. 그래서 아직 취업 준비 중인 저에게 절에 가자고 하시네요. 주님, 오늘은 잘 넘겼지만 할아버지가 빨리 주님을 알고 믿을 수 있도록 도와주세요.
2. 알바하는 편의점 사장님께서 그동안 저를 보시면서 교회에 대한 생각이 많이 바뀌셨어요. 그래서 오늘은 복음을 전하고자 합니다. 주님께서 그 자리에 함께해주세요.

삶의 적용

1. 할아버지가 절에 가자고 하실 때마다 지혜롭게 잘 넘김. 그러나 근본적인 문제 해결이 필요함. 오늘은 알바 마치고 들어가는 길에 할아버지 좋아하시는 도넛을 사가지고 가서 복음을 전해보자!
2. 사장님께 너무 많은 말보다 우선 삭개오 이야기를 재미있게 해보자!

응답 결과

1. 도넛에 마음이 열리신 할아버지께서 복음을 진지하게 들으셨다. 희망이 보인다!
2. 사장님께서 삭개오 이야기를 재미있게 들으심. 가끔 이렇게 재미있는 이야기를 통해 천천히 다가가자!

땅의 모든 것들은 사라져버릴 것이다.
그러나 기도는 영원을 붙든다. _H. 비커스테스

오늘의 말씀

기도 제목

삶의 적용

응답 결과

하나님은 세상을 기도로 조성하신다. _E. M. 바운즈

오늘의 말씀

기도 제목

삶의 적용

응답 결과

기도는 매일의 일과며 습관이고 사명이다. _찰스 H. 스펄전

오늘의 말씀

일

요
일

기도 제목

삶의 적용

응답 결과

우리 능력은 한계를 느끼나
하나님의 능력이 한계에 도달하는 일은 없다. _허드슨 테일러

오늘의 말씀

기도 제목

삶의 적용

응답 결과

시작이 반이다.
그러나 기도 없이 시작된 일은 결코 좋은 시작일 수 없다. _펜스 하우

오늘의 말씀

일   기도 제목

요
일

삶의 적용

응답 결과

기도는 하나님 앞에 끊임없이 굴복하는 것이다. _사두 선다 싱

오늘의 말씀

기도 제목

삶의 적용

응답 결과

기도는 서로 사랑하는 두 인격 사이의 대화다. _로잘린 링커

오늘의 말씀

기도 제목

삶의 적용

응답 결과

당신의 희망이 무너지고 기쁨이 거꾸러졌을 때
가장 좋은 방법은 무릎을 꿇는 것이다. _찰스 H. 스펄전

오늘의 말씀

월

기도 제목

일

요
일

삶의 적용

응답 결과

오늘의 말씀

기도 제목

삶의 적용

응답 결과

믿음이 없는 기도는 열매도 없다. _토마스 왓슨

오늘의 말씀

기도 제목

삶의 적용

응답 결과

기도는 영혼의 방패요,
하나님께 드리는 제물이며, 사탄을 향한 채찍이다. _존 번연

오늘의 말씀

월

일   기도 제목

요
일

삶의 적용

응답 결과

기도하지 않고 성공했다면 성공한 그것 때문에 망한다. _찰스 H. 스펄전

오늘의 말씀

기도 제목

삶의 적용

응답 결과

기도는 감옥을 하늘의 입구로 바꾸기도 한다. _R. A. 토레이

오늘의 말씀

월

일　기도 제목

요
일

삶의 적용

응답 결과

하루 중 최상의 시간을 하나님과의 교제를 위해 할애하라. _테일러

오늘의 말씀

기도 제목

삶의 적용

응답 결과

기도는 우리가 이미 가진 힘에 능력을 더하는 수단이다. _해리 T. 스톡

오늘의 말씀

기도 제목

삶의 적용

응답 결과

기도하는 한 사람이 기도하지 않는 한 민족보다 강하다. _존 녹스

오늘의 말씀

기도 제목

삶의 적용

응답 결과

가슴 없는 말보다는 말 없는 가슴으로 기도하는 것이 더 효과적이다. _존 번연

오늘의 말씀

기도 제목

삶의 적용

응답 결과

옷을 만드는 것은 재단사의 일이고, 구두를 수선하는 것은
구두장이의 일이며, 기도하는 것은 그리스도인의 일이다. _E. M. 바운즈

오늘의 말씀

기도 제목

삶의 적용

응답 결과

기도는 하나님의 승리를 열렬하게 원하고
바라며 소원하는 삶이다. _조지 캠벨 모건

오늘의 말씀

기도 제목

삶의 적용

응답 결과

두 손을 모으는 것은 세상을 새롭게 하는 생동의 시작이다. _칼 바르트

오늘의 말씀

기도 제목

삶의 적용

응답 결과

진정한 기도는 입술의 말이 아니라 마음 자세에 있다. _어니스트 티틀

오늘의 말씀

일

요
일

기도 제목

삶의 적용

응답 결과

그의 은혜와 능력은 심히 커서 아무리 구해도 다함이 없다. _존 뉴턴

오늘의 말씀

기도 제목

삶의 적용

응답 결과

기도는 어둠 속에서 하나님을 볼 수 있는 거울이다. _빌리 그레이엄

오늘의 말씀

기도 제목

삶의 적용

응답 결과

중요한 것은 우리가 하나님을 위해 하는 일이 아니라
하나님께서 우리를 통해 하시는 일이다. _오스왈드 챔버스

오늘의 말씀

기도 제목

삶의 적용

응답 결과

기도는 하나님을 바꾸지 않고 기도하는 사람을 바꾼다. _키르케고르

오늘의 말씀

기도 제목

삶의 적용

응답 결과

말을 적게 할수록 기도를 많이 하게 된다. _마르틴 루터

오늘의 말씀

기도 제목

삶의 적용

응답 결과

기도란 그리스도의 능력을 붙잡는 손이다. _조지 뮬러

오늘의 말씀

기도 제목

삶의 적용

응답 결과

무릎을 꿇은 그리스도인은
발돋움을 한 천문학자보다 더 멀리 본다. _A. 토플레디

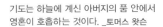

오늘의 말씀

월

기도 제목

일

요
일

삶의 적용

응답 결과

기도는 하늘에 계신 아버지의 품 안에서
영혼이 호흡하는 것이다. _토머스 왓슨

오늘의 말씀

월

일   기도 제목

요
일

삶의 적용

응답 결과

하나님께서 당신의 기도를 들어주시기 바란다면,
그분이 말씀하실 때 들어야 한다. _필립 브룩스

오늘의 말씀

기도 제목

삶의 적용

응답 결과

기도로 시작하지 않는 사람은 평안을 맛보지 못할 것이다. _존 플라벨

오늘의 말씀

일

기도 제목

요
일

삶의 적용

응답 결과

기도를 게을리 한 자는 결코 승자가 될 수 없다. _로버트

오늘의 말씀

월

기도 제목

일

요
일

삶의 적용

응답 결과

기도란 하나님의 영향권 안에 들어가는 것이다. _포스딕

오늘의 말씀

월

일   기도 제목

요
일

삶의 적용

응답 결과

인간은 하나님 앞에 무릎으로 서 있는 존재다. _로버트 머리 맥체인

오늘의 말씀

기도 제목

삶의 적용

응답 결과

기도는 하지 않을수록 더 어려워지고 할수록 더 잘되는 법이다. _마르틴 루터

오늘의 말씀

월

일

요
일

기도 제목

삶의 적용

응답 결과

위대한 그리스도인들의 업적은
한결같이 응답받은 기도의 역사다. _E. M. 바운즈

오늘의 말씀

기도 제목

삶의 적용

응답 결과

기도 시간은 무한한 존재,
곧 하나님에 대한 자신의 마음 자세를 점검하는 시간이다. _톨스토이

오늘의 말씀

기도 제목

삶의 적용

응답 결과

기도는 사람으로 하여금 죄를 그치게끔 하고
죄는 사람으로 하여금 기도를 그치게끔 한다. _존 번연

오늘의 말씀

기도 제목

삶의 적용

응답 결과

기도의 목적은 우리가 하나님과 동행하도록 만드는 것이다. _레오 벡

오늘의 말씀

월

일   기도 제목

요
일

삶의 적용

응답 결과

자주 기도하라. 기도는 사탄에게 두통거리가 되기 때문이다. _존 번연

오늘의 말씀

기도 제목

삶의 적용

응답 결과

모든 것을 위해 기도하라. 모든 것에 대해 감사하라. _무디

오늘의 말씀

기도 제목

삶의 적용

응답 결과

기도는 기도한 것이 성취될 수 있게 하는 개인적 행위를
반드시 포함하고 있으며, 그것을 전제하고 있다. _슐라이어마허

오늘의 말씀

월

기도 제목

일

요
일

삶의 적용

응답 결과

기도는 하나님의 자녀들의 합리적인 특권이다. _윌리엄 워즈워스

오늘의 말씀

기도 제목

삶의 적용

응답 결과

모든 것이 감당하기 너무 벅찰 때 나는 기도하게 된다. _링컨

오늘의 말씀

기도 제목

삶의 적용

응답 결과

잘 기도한 자는 잘 배운 자요, 많이 기도한 자는 많이 운 자다. _마르틴 루터

오늘의 말씀

월

일   기도 제목

요
일

삶의 적용

응답 결과

어려운 환경인데 기도하고 싶은 마음마저 없다면,
우리는 짐승만도 못한 사람들이 아닐 수 없다. _마르틴 루터

오늘의 말씀

기도 제목

삶의 적용

응답 결과

기도는 하나님의 심정에 이르게 하는 것이다. _제레미 테일러

오늘의 말씀

월

일   기도 제목

요
일

삶의 적용

응답 결과

기도는 우리가 믿음으로 발견한
주님의 복음에 들어 있는 보물을 파내는 것이다. _장 칼뱅

오늘의 말씀

기도 제목

삶의 적용

응답 결과

뜨거움이 없는 기도는 항상 하늘에 닿기 전에 얼어버린다. _토마스 브룩스

오늘의 말씀

월

일   기도 제목

요
일

삶의 적용

응답 결과

마른 눈 가지고는 천국에 못 들어간다. _찰스 H. 스펄전

오늘의 말씀

기도 제목

삶의 적용

응답 결과

결코 기도하지 않는 사람들에게
언제나 기도하는 사람이 필요하다. _빅토르 위고

오늘의 말씀

월

일

요
일

기도 제목

삶의 적용

응답 결과

하나님이 하실 일은 그의 능력을 보이는 것이요,
우리의 할 일은 믿음을 보이는 것이다. _앤드류 보나르

오늘의 말씀

기도 제목

삶의 적용

응답 결과

늙어 갈수록 기도를 더 많이 하라.
그래야 신령한 일에 냉랭해 지지 않는다. _죠지 뮬러

오늘의 말씀

월

일
기도 제목

요
일

삶의 적용

응답 결과

기도는 아침의 열쇠요, 저녁의 자물쇠다. _빌리 그레이엄

오늘의 말씀

기도 제목

삶의 적용

응답 결과

땅의 모든 것들은 사라져버릴 것이다.
그러나 기도는 영원을 붙든다. _H. 비커스테스

오늘의 말씀

월

일

요
일

기도 제목

삶의 적용

응답 결과

하나님은 세상을 기도로 조성하신다. _E. M. 바운즈

오늘의 말씀

월

기도 제목

일

요
일

삶의 적용

응답 결과

기도는 매일의 일과며 습관이고 사명이다. _찰스 H. 스펄전

오늘의 말씀

월

일   기도 제목

요
일

삶의 적용

응답 결과

우리 능력은 한계를 느끼나
하나님의 능력이 한계에 도달하는 일은 없다. _허드슨 테일러

오늘의 말씀

월

기도 제목

일

요
일

삶의 적용

응답 결과

시작이 반이다.
그러나 기도 없이 시작된 일은 결코 좋은 시작일 수 없다. _펜스 하우

오늘의 말씀

월

일   기도 제목

요
일

삶의 적용

응답 결과

기도는 하나님 앞에 끊임없이 굴복하는 것이다. _사두 선다 싱

오늘의 말씀

월

기도 제목

일

요
일

삶의 적용

응답 결과

오늘의 말씀

일　기도 제목

요
일

삶의 적용

응답 결과

당신의 희망이 무너지고 기쁨이 거꾸러졌을 때
가장 좋은 방법은 무릎을 꿇는 것이다. _찰스 H. 스펄전

오늘의 말씀

월

기도 제목

일

요
일

삶의 적용

응답 결과

오늘의 말씀

일 기도 제목

요
일

삶의 적용

응답 결과

믿음이 없는 기도는 열매도 없다. _토마스 왓슨

오늘의 말씀

기도 제목

삶의 적용

응답 결과

기도는 영혼의 방패요,
하나님께 드리는 제물이며, 사탄을 향한 채찍이다. _존 번연

오늘의 말씀

기도 제목

삶의 적용

응답 결과

기도하지 않고 성공했다면 성공한 그것 때문에 망한다. _찰스 H. 스펄전

오늘의 말씀

기도 제목

삶의 적용

응답 결과

기도는 감옥을 하늘의 입구로 바꾸기도 한다. _R. A. 토레이

오늘의 말씀

기도 제목

삶의 적용

응답 결과

하루 중 최상의 시간을 하나님과의 교제를 위해 할애하라. _테일러

오늘의 말씀

기도 제목

삶의 적용

응답 결과

기도는 우리가 이미 가진 힘에 능력을 더하는 수단이다. _해리 T. 스톡

오늘의 말씀

월

일   기도 제목

요
일

삶의 적용

응답 결과

오늘의 말씀

기도 제목

삶의 적용

응답 결과

가슴 없는 말보다는 말 없는 가슴으로 기도하는 것이 더 효과적이다. _존 번연

오늘의 말씀

일

요
일

기도 제목

삶의 적용

응답 결과

옷을 만드는 것은 재단사의 일이고, 구두를 수선하는 것은
구두장이의 일이며, 기도하는 것은 그리스도인의 일이다. _E. M. 바운즈

오늘의 말씀

기도 제목

삶의 적용

응답 결과

기도는 하나님의 승리를 열렬하게 원하고
바라며 소원하는 삶이다. _조지 캠벨 모건

오늘의 말씀

월

일

기도 제목

요
일

삶의 적용

응답 결과

두 손을 모으는 것은 세상을 새롭게 하는 생동의 시작이다. _칼 바르트

오늘의 말씀
_____

기도 제목
_____

삶의 적용
_____

응답 결과
_____

진정한 기도는 입술의 말이 아니라 마음 자세에 있다. _어니스트 티틀

오늘의 말씀

월

일   기도 제목

요
일

삶의 적용

응답 결과

그의 은혜와 능력은 심히 커서 아무리 구해도 다함이 없다. _존 뉴턴

오늘의 말씀

기도 제목

삶의 적용

응답 결과

기도는 어둠 속에서 하나님을 볼 수 있는 거울이다. _빌리 그레이엄

오늘의 말씀

월

일

요
일

기도 제목

삶의 적용

응답 결과

중요한 것은 우리가 하나님을 위해 하는 일이 아니라
하나님께서 우리를 통해 하시는 일이다. _오스왈드 챔버스

오늘의 말씀

기도 제목

삶의 적용

응답 결과

기도는 하나님을 바꾸지 않고 기도하는 사람을 바꾼다. _키르케고르

오늘의 말씀

기도 제목

삶의 적용

응답 결과

말을 적게 할수록 기도를 많이 하게 된다. _마르틴 루터

오늘의 말씀

기도 제목

삶의 적용

응답 결과

기도란 그리스도의 능력을 붙잡는 손이다. _조지 뮬러

오늘의 말씀

일

요
일

기도 제목

삶의 적용

응답 결과

무릎을 꿇은 그리스도인은
발돋움을 한 천문학자보다 더 멀리 본다. _A. 토플레디

오늘의 말씀

기도 제목

삶의 적용

응답 결과

기도는 하늘에 계신 아버지의 품 안에서
영혼이 호흡하는 것이다. _토머스 왓슨

오늘의 말씀

월

일   기도 제목

요
일

삶의 적용

응답 결과

하나님께서 당신의 기도를 들어주시기 바란다면,
그분이 말씀하실 때 들어야 한다. _필립 브룩스

오늘의 말씀

기도 제목

삶의 적용

응답 결과

기도로 시작하지 않는 사람은 평안을 맛보지 못할 것이다. _존 플라벨

오늘의 말씀

기도 제목

삶의 적용

응답 결과

기도를 게을리 한 자는 결코 승자가 될 수 없다. _로버트

오늘의 말씀

기도 제목

삶의 적용

응답 결과

기도란 하나님의 영향권 안에 들어가는 것이다. _포스딕

오늘의 말씀

기도 제목

삶의 적용

응답 결과

인간은 하나님 앞에 무릎으로 서 있는 존재다. _로버트 머리 맥체인

오늘의 말씀

기도 제목

삶의 적용

응답 결과

기도는 하지 않을수록 더 어려워지고 할수록 더 잘되는 법이다. _마르틴 루터

오늘의 말씀

기도 제목

삶의 적용

응답 결과

위대한 그리스도인들의 업적은
한결같이 응답받은 기도의 역사다. _E. M. 바운즈

오늘의 말씀

기도 제목

삶의 적용

응답 결과

기도 시간은 무한한 존재,
곧 하나님에 대한 자신의 마음 자세를 점검하는 시간이다. _톨스토이

오늘의 말씀

월

일

요
일

기도 제목

삶의 적용

응답 결과

기도는 사람으로 하여금 죄를 그치게끔 하고,
죄는 사람으로 하여금 기도를 그치게끔 한다. _존 번연

오늘의 말씀

기도 제목

삶의 적용

응답 결과

기도의 목적은 우리가 하나님과 동행하도록 만드는 것이다. _레오 벡

오늘의 말씀

일   기도 제목

요
일

삶의 적용

응답 결과

자주 기도하라. 기도는 사탄에게 두통거리가 되기 때문이다. _존 번연

오늘의 말씀

기도 제목

삶의 적용

응답 결과

모든 것을 위해 기도하라. 모든 것에 대해 감사하라. _무디

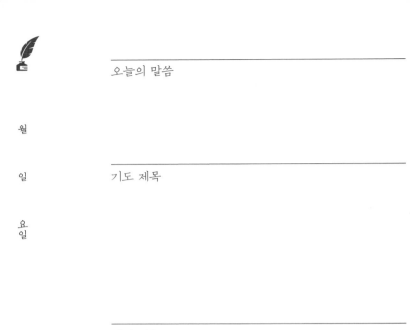

오늘의 말씀

월

일   기도 제목

요
일

삶의 적용

응답 결과

기도는 기도한 것이 성취될 수 있게 하는 개인적 행위를
반드시 포함하고 있으며, 그것을 전제하고 있다. _슐라이어마허

오늘의 말씀

기도 제목

.

삶의 적용

응답 결과

기도는 하나님의 자녀들의 합리적인 특권이다. _윌리엄 워즈워스

오늘의 말씀

기도 제목

삶의 적용

응답 결과

모든 것이 감당하기 너무 벅찰 때 나는 기도하게 된다. _링컨

오늘의 말씀

_____

기도 제목

_____

삶의 적용

_____

응답 결과

_____

잘 기도한 자는 잘 배운 자요, 많이 기도한 자는 많이 운 자다. _마르틴 루터

오늘의 말씀

기도 제목

삶의 적용

응답 결과

어려운 환경인데 기도하고 싶은 마음마저 없다면,
우리는 짐승만도 못한 사람들이 아닐 수 없다. _마르틴 루터

오늘의 말씀

월

기도 제목

일

요
일

삶의 적용

응답 결과

기도는 하나님의 심정에 이르게 하는 것이다. _제레미 테일러

오늘의 말씀

월

일   기도 제목

요
일

삶의 적용

응답 결과

기도는 우리가 믿음으로 발견한
주님의 복음에 들어 있는 보물을 파내는 것이다. _장 칼뱅

오늘의 말씀

기도 제목

삶의 적용

응답 결과

오늘의 말씀

월

일   기도 제목

요
일

삶의 적용

응답 결과

마른 눈 가지고는 천국에 못 들어간다. _찰스 H. 스펄전

오늘의 말씀

월

기도 제목

일

요
일

삶의 적용

응답 결과

결코 기도하지 않는 사람들에게
언제나 기도하는 사람이 필요하다. _빅토르 위고

오늘의 말씀

기도 제목

삶의 적용

응답 결과

하나님이 하실 일은 그의 능력을 보이는 것이요,
우리의 할 일은 믿음을 보이는 것이다. _앤드류 보나르

오늘의 말씀

기도 제목

삶의 적용

응답 결과

늙어 갈수록 기도를 더 많이 하라.
그러해야 신령한 일에 냉랭해 지지 않는다. _죠지 뮬러

날마다 기도 노트 (식물)

지은이 넥서스CROSS 편집부
펴낸이 임상진
펴낸곳 (주)넥서스

초판 1쇄 발행 2017년 2월 25일
초판 4쇄 발행 2017년 3월 30일

2판 1쇄 발행 2019년 8월 30일
2판 3쇄 발행 2022년 8월 30일

출판신고 1992년 4월 3일 제311-2002-2호
10880 경기도 파주시 지목로 5
Tel (02)330-5500 Fax (02)330-5555

www.nexusbook.com

기도를 계속하고
기도에 감사함으로 깨어 있으라

골로새서 4:2

값 **3,000원**(식물)
ISBN 979-11-6165-717-2